AF338793

Couvertures supérieure et inférieure
manquantes

LA
FORTERESSE DE PIRMIL

(EN BRETAGNE)

PAR

M. CHARLES BOUGOÜIN FILS

*secrétaire du comité de rédaction de la Société Archéologique de la
Loire-Inférieure.*

Ouvrage couronné par la Société Académique de Nantes,
LE 20 NOVEMBRE 1865.

Turris erat, vasto suspectu et pontibus altis,
Opportuna loco... ....
(VIRGILE, *Enéide*, livre IX)

I.

La ville de Nantes avait, au moyen-âge, trois principaux
ouvrages de défense : c'étaient le *château ducal de la
Tour-Neuve,* le *Bouffay* et la *forteresse de Pirmil.*

Une *Histoire du Bouffay* et une *Notice sur le Château*
ont été présentées à la Société Académique de la Loire-
Inférieure pour le concours du 20 novembre 1864. L'une
était tracée par la plume expérimentée d'un homme dont
la modestie égale l'érudition sûre et profonde et qui obtenait
pour ses nombreux et intéressants travaux d'histoire locale
une distinction aussi honorable que bien méritée. L'autre
avait pour auteur un jeune homme, sorti depuis quelques
mois à peine des bancs de l'école, auquel la Société accor-
dait une encourageante récompense.

1 .K 1866

Aucune notice n'a, jusqu'à ce jour, été écrite sur *Pirmil*. Cela vient sans doute du peu d'importance de cette forteresse, dont rien n'indique aujourd'hui l'existence ni l'emplacement. Nous voulons cependant en dire quelques mots, afin de compléter l'histoire des monuments militaires de notre ville et fournir ainsi à l'homme, qui en aurait le temps et le courage, les moyens d'entreprendre un travail d'ensemble sur les fortifications de Nantes.

Pirmil, en latin *Pilameium*, s'est successivement et indistinctement écrit *Pilemil* ou *Pilemy*, *Piremil* ou *Piremy*, et enfin *Pirmil*.

D'où dérive ce mot? Les écrivains ne sont pas d'accord sur ce point. « Et depuis, dit Albert le Grand, Paulus » Emilius, proconsul des Armoriques pour les Romains, » voulut rebastir ce costé méridional de Nantes, mais » en deça la rivière de Sèvre, au lieu où aboutissent » les magnificques ponts de Nantes, lequel, encore » aujourd'huy, s'appelle le faubourg de *Piremil, voulans* » *dire de Paul Emile* (1). »

Pour notre part, nous n'embrassons pas cette opinion, et nous nous rallions très-volontiers à celle de M. Stéphane de la Nicollière, qui, dans un *Mémoire sur le prieuré de la Madeleine*, explique ainsi l'étymologie de ce mot : « Le » bourg de *Pilemil*, maintenant *Piremil* (appellation dé- » rivée vraisemblablement de *pila milliaria*, borne des » routes romaines venant aboutir et converger à ce » point.... (2). »

Examinons maintenant la prétendue fondation romaine de la tour de Pirmil.

(1) *Vies des saints de Bretagne*, par Albert le Grand ; *Vie de saint Martin de Vertou*, p. 383.

(2) *Bulletin de la Société Archéologique de Nantes*, tome III, 3e trimestre de 1863, p. 196.

Bâtie seulement à la fin du XIVe siècle, cette forteresse prit le nom de l'endroit où elle fut construite. Cet endroit se nommait Pilemil ; la forteresse prit ce nom.

Situé au Sud de Nantes, sur la rive gauche de la Loire, relié par un pont à la ville, le faubourg de Pilemil remonte à la conquête des Gaules et était à cette époque le point de départ des voies romaines de la Bretagne vers le Poitou. Plus tard il devint une importante châtellenie, qui appartenait en 1205 à messire *Gautier, seigneur de Pilemil* (1). Dans ce lieu, et non loin de l'endroit où devait s'élever la forteresse, existait un prieuré de Bénédictins, fondé vers 1108.

L'origine romaine du faubourg a fait croire à quelques écrivains que le château avait une origine semblable. « Le » seul monument que l'on trouve et que l'on puisse » attribuer à ces conquérants, dit le président de Robien, » est la *tour de Pilmil, qu'on croit être un ouvrage de » Paul Emile,* proconsul des Armoricains. L'ancienneté » de l'édifice et l'analogie du nom sont tout ce qu'on peut » apporter de preuves, soutenues d'une tradition qui s'est » perpétuée jusqu'à nous (2). »

Plusieurs savants avaient adopté cette opinion ; ils croyaient que les fortifications de Pirmil remontaient aux Romains et qu'elles avaient été seulement augmentées en 1365. Ce qui a induit en erreur ces écrivains, c'est l'origine du faubourg et des routes qui le traversaient. Aucune preuve ne vient à l'appui de cette hypothèse.

Si Nicolas Bouchard avait seulement réparé ou agrandi la citadelle de Pirmil, les chroniqueurs auraient mentionné

(1) *Archives de la Loire-Inférieure,* registre de la Chambre des comptes.

(2) *Manuscrit du président de Robien sur la Bretagne,* chapitre XII.

cette circonstance ; ils auraient rappelé la construction et les développements de cet édifice. Si cette tour existait avant 1365, l'histoire de Bretagne l'aurait citée au nombre des fortifications qui protégeaient Nantes dans ces temps malheureux, où le pays était continuellement ravagé, soit par l'invasion étrangère, soit par les désordres de la guerre civile. Ce château n'avait pas non plus le caractère d'antiquité que lui attribuaient sans raison ces écrivains, et son style était parfaitement en rapport avec les autres monuments de la fin du XIVe siècle. Du reste, les textes sont précis ; ils ne disent pas que le duc fit réédifier, mais « bastir la grosse tour et forteresse qui est au bout des » ponts de Piremil. »

II.

En 1365, la Bretagne venait de sortir de cette guerre désastreuse que l'héritage du duc Jean III avait allumée entre Charles de Blois et le comte de Montfort.

Jean III était mort sans enfants. Son frère consanguin, Jean de Montfort, se prétendait le seul héritier légitime. Charles de Blois, de son côté, revendiquait la couronne ducale au nom de son épouse Jeanne de Penthièvre.

Après quelques négociations restées infructueuses, les partis coururent aux armes et engagèrent une de ces guerres « pleines de rencontres, belles cavaleries, belles » rescousses, beaux faits d'armes et belles prouesses (1). »

L'élite de la chevalerie et les plus célèbres capitaines de l'époque vinrent se ranger sous les étendards des deux prétendants. Trois femmes, ayant toutes le même prénom,

(1) *Chroniques de Froissart.*

(Jeanne de Montfort, Jeanne de Penthièvre et Jeanne de Belleville) jouèrent alors un grand rôle, et devinrent, à la mort de leurs époux, les chefs véritables de la guerre.

Au milieu de ces hostilités, les habitants de Nantes, sous l'influence de leur évêque, s'occupèrent surtout à rétablir l'ordre dans leur ville. Aussi, combattant pour le maintien de leur indépendance, luttèrent-ils tantôt contre les Français, alliés de Charles de Blois, et tantôt contre les Anglais, qui soutenaient la cause de Jean de Montfort.

Nantes était désolée depuis longtemps, lorsque la peste vint mettre le comble aux maux qui ravageaient le pays. Le jeune comte de Montfort eut pitié des misères du peuple et il proposa à Charles de Blois le partage du duché. « Je » ne suis qu'une femme, lui répondit Jeanne de Penthièvre, » mais je perdrais plustost la vie et deux, si je les avais, » que de consentir à une chose si honteuse. » Les hostilités reprirent ; mais, après la bataille d'Auray, où mourut Charles de Blois, les belligérants signèrent le traité de Guérande le samedi 12 avril 1365.

Ainsi se termina cette guerre, qui dura plus de vingt ans, pendant laquelle furent livrés 1,500 combats et 800 assauts, périrent 200,000 hommes, et dont un des épisodes les plus mémorables est le combat qui eut lieu le 27 mars 1351 au chêne de Mi-Voie, dans les landes de la Croix-Helléan, entre 30 Anglais et 30 chevaliers bretons.

Conformément au traité, la ville de Nantes fut rendue au comte de Montfort, qui prit le nom de Jean IV. Celui-ci, de Guérande où il se trouvait, envoya aussitôt à Nicolas Bouchard, amiral de Bretagne, l'ordre de construire la forteresse de Pirmil. Ce mandement porte la date de 1365. « La même année, dit Albert-le-Grand, Nicolas Bouchard, » amiral de Bretagne, fit, par le commandement du duc,

» *bastir la grosse tour et forteresse de Pirmil,* pour
» défendre l'entrée desdits ponts (1). »

D'après Fournier, l'érection de cet édifice était indiquée
par une inscription sur pierre calcaire, qui faisait partie
de la belle collection de Guillaume Harel, déposée aux
archives de la Mairie et détruite en 1793. Nous laissons à
l'auteur de l'*Histoire lapidaire de Nantes* toute la respon-
sabilité de son assertion, que nous rapportons ici à titre
de simple renseignement (2).

Cette forteresse était bien destinée à défendre Nantes du
côté des ponts, mais elle avait aussi un autre but. Jean IV
voulait par ce moyen s'assurer de la ville et la tenir sous
sa domination par la crainte.

Ce prince, en effet, n'avait pas une très-grande confiance
dans les protestations de fidélité que lui adressait le peuple
et il se rappelait l'hésitation des Nantais à secourir son père
dans sa guerre contre Charles de Blois. Le château de
Pirmil pouvait de plus servir d'asile en cas de révolte, et
nous partageons entièrement à ce sujet l'opinion de M. le
docteur Guépin, qui, dans son *Histoire de Nantes,* s'exprime
en ces termes : « Comme toutes les fortifications des
» grandes cités, elle avait un double but ; et, si l'on songe
» qu'à cette époque les Anglais occupaient le Poitou, l'on
» restera convaincu, surtout après en avoir examiné les
» ruines, que Jean IV avait plutôt ordonné son érection
» dans la prévision de quelque soulèvement populaire qui
» eût pu le conduire à réclamer le secours de ses alliés,
» que dans la crainte d'une invasion (3). »

(1) *Vies des saints de Bretagne,* par Albert le Grand. *Histoire des
évêques de Nantes,* p. 415.

(2) *Histoire lapidaire de Nantes,* par Fournier, tome I, chapitre II,
p. 47. Ce manuscrit appartient à la Bibliothèque publique de Nantes.

(3) *Histoire de Nantes,* par M. Guépin.

Bâtie dans une situation avantageuse, à la tête des ponts de Nantes, baignée d'un côté directement par la Loire et défendue du côté de la terre par de larges douves précédées d'une contrescarpe en maçonnerie, communiquant au moyen d'une poterne avec le fleuve, et pouvant être ravitaillée par eau en cas de siége, la forteresse de Pirmil était à cette époque d'une grande utilité et pouvait, sinon arrêter l'envahisseur, du moins lui opposer une sérieuse résistance. Les avantages que ce château offrait à ses défenseurs semblent pouvoir se résumer dans ces paroles de Vegece : « *Ut qui scalas vel machinas voluerit* » *admovere, non solum a fronte, sed etiam a lateribus* » *et prope a tergo veluti in sinum circumclusis oppri-* » *matur* (1). »

Ce château avait la forme d'un quadrilatère irrégulier ; il était composé de trois tours, d'un corps de bâtiment, de trois courtines et d'une grande cour. Toutes ces constructions étaient reliées entre elles par un chemin de ronde à créneaux et à machicoulis.

Le premier côté, tourné vers le Nord, comprenait la grosse tour, dite *tour du Duc* ou de *la Loire,* et deux courtines qui la reliaient aux côtés Est et Ouest de l'enceinte. A l'extrémité de l'une de ces murailles était la poterne qui donnait accès sur le fleuve.

Le deuxième front, tourné vers l'Ouest, s'étendait de la *grosse tour* à la *tour de la Sèvre* et comprenait une belle et haute courtine défendue par un ouvrage avancé, percé de cinq grands créneaux.

Le troisième côté, tourné vers le Sud, était le plus important de la forteresse. Là était la porte principale d'entrée avec son pont-levis. Ce front se composait du

(1) Vegece, livre IV, chapitre II.

grand bâtiment, flanqué d'une tour à chacune de ses extré-
mités, à droite la *tour de la Sèvre,* à gauche, la *tour de
l'Amiral.* Au rez-de-chaussée se trouvaient les cuisines,
les corps-de-garde et les prisons ; au premier étage étaient
les appartements du capitaine et aux étages supérieurs le
logement des hommes d'armes. C'est dans la grande salle
de la citadelle qu'étaient exposés ces tableaux peints sur
bois, dont l'un était le portrait de Nicolas Bouchard et
l'autre représentait la remise des clefs de la ville à Jean IV
en 1382.

Le quatrième côté, tourné vers l'Est, était une simple
courtine qui s'étendait de la *tour de l'Amiral* à la *grosse
tour.*

Jean IV ayant laissé passer sur son territoire les troupes
de « ses chers Anglais, » Charles V, roi de France, chargea
Bertrand Duguesclin d'exécuter l'arrêt du parlement, qui
déclarait le duc coupable du crime de lèse-majesté et la
Bretagne unie au royaume. Le connétable vint à Nantes,
» prit poçession du chasteau de la tour Neufve et de la
» *citadelle de Pilemil,* » et partit en confiant le gouvernement à Amaury de Clisson. Les habitants, qui avaient
refusé l'entrée de leur ville à l'armée française, furent
bientôt attaqués par les Anglais, venus pour rétablir
Jean IV dans son duché. Le sentiment de l'indépen
dance ranima leur courage ; ils soutinrent deux fois les
efforts des assiégeants et les forcèrent à abandonner leur
entreprise (1381).

« Après le partement du comte de Bocquingham, les
» places selon le traicté furent rendues au duc de Bretaigne ;
» aucunes furent remises iusques après l'Ascension du
» mesme an mille trois cent octante un. Après ceste feste
» luy furent rendues Ploërmel, Redon, Morlaix et Nantes,
» mais non si promptement et non plustôt que la feste de

» la sainct Jean, comme Touffou, la *tour de Pillemy* et
» autres forteresses qui en dépendoient (1). »

> « A Nantes ses gens envoya,
> » Mais de la rendre on déloya,
> » Jusques à la Nativité
> » De saint Jehan, c'est vérité !
> » Deux jours devant, ne plus ne mains,
> » Entra à Nantes, j'en suy certains;
> » Et feu receu à grant honnour
> » Comme prince et vray seignour ;
> » Ne sembla pas estre en exil
> » Quand on li randist *Piremil* (2). »

Jean IV fit son entrée à Nantes le 22 juin 1382 et le
peuple ne cessait de lui dire avec franchise : « Monseigneur,
» sitôt que nous pourrons apercevoir que vous êtes pour
» l'Angleterre, nous vous relinquerons tous et mettrons
» hors de Bretagne. »

Le lendemain, vers les quatre heures de l'après midi, le
duc accompagné de Jean du Fou, de Gilles de Lesbiest
et de cinquante chevaliers de sa garde sous les ordres de
Jean Blosset, reçut avec le cérémonial ordinaire les clefs
de la forteresse de Pirmil des mains de l'amiral de
Bretagne.

Quelques années plus tard la citadelle de Pirmil fut
prise par les soldats du roi de France, avec plusieurs
autres châteaux du pays. Elle fut rendue au duc au mois
de juin 1387, ainsi qu'il résulte des lettres suivantes :

« Jehan, duc de Bretaigne, conte de Montfort et de

---

(1) *Histoire de Bretagne*, par d'Argentré, livre. VIII.

(2) *Documents inédits sur l'histoire de France*, 1839, 1re série. *Chronique de Bertrand Duguesclin*, par Cuvelier. *Livre du bon Jehan, duc de Bretaigne.*

» Richemont, à touz ceulz qui ces lettres verront, salut.
» Comme par le traictié fait entre Monseigneur le Roy et
» nous, les chasteaux, villes et forteresses, qui ont esté
» prinz et occupez d'une partie et d'autre pour cause
» du débat d'entre Monseigneur le Roy et nous, doyvent
» estre renduz et délivrez à qui ils appartiennent; et pour
» ce les villes et chasteaux d'Aurray, Ploërmel, Nantes,
» *Piremil* et Touffou nous aient esté renduz et délivrez
» selon la fourme dudict traictié. Savoir faisons que
» nous nous tenons pour bien contens de la rendue
» desdittes villes et chasteaulx d'Aurroy, Ploërmel, Nantes,
» *Piremil* et Touffou, et en quictons Monseigneur le Roy
» et touz autres à qui il pourroit appartenir à touz jours.
» En tesmoing de ce nous avons fait mettre nostre scel à
» ces lettres. Donné audit lieu de Nantes, le XXVe juin
» l'an 1387. (Scellé) (1). »

La châtellenie de Pirmil, avec ses appartenances et dépendances, faisait partie du douaire qui avait été assigné le 26 février 1395, par le duc Jean IV, à son épouse Jeanne de Navarre (2).

III.

Considérée à cette époque et avec raison comme un ouvrage important, la citadelle de Pirmil fut érigée en capitainerie et placée sous la direction immédiate du gouverneur de Nantes. Son commandement ne fut pas confié à des hommes vulgaires comme celui des autres fortifications de la ville, qui avaient pour chef un simple sergent

(1) *Archives de l'Empire*, à Paris. Section historique. J. 243. Layettes, no 64². Trésor des chartes des rois de France.

(2) Dom Morice, *Preuves de l'histoire de Bretagne*, tome ii, col. 662.

du duc. Son premier capitaine fut celui-là même qui l'avait construite, Nicolas Bouchard, seigneur du Kerbouchart, amiral de Bretagne. Il eut pour successeur messire de la Barde.

En 1402 la capitainerie de Pirmil fut donnée à Jean de Langle, « pannetier du duc, ayant bouche à cour, escuyer » du corps et de la chambre (1). »

» Jean de Langle, *capitaine et garde du chastel et* » *forteresse de Piremill....* print et accepta les soins » et charges dudit chastel, promist et jura par la foi et » serment de son corps et sur le dampnement de son » asme, qu'il gardera et défendera à tout son pouvoir les » droits, noblesses, libertés, franchises et usages de son » seigneur de Bretagne, vers tous et contre tous (2). »

Au mois de septembre de la même année, pour prêter son serment de fidélité comme gouverneur de place, Jean de Langle « donna pour plege Jehan seigneur de la » Jou (3). »

Il fut remplacé en 1423 par Guillaume de Grantboays, maréchal de salle, chevalier et écuyer de Jean V, dont l'obligation est ainsi conçue : « Sachent touz que par nos » courtz de Nantes et de Vennes et par chascune d'icelles » en droit fut present et personelement establi noble » escuier Guillaume de Grantboays, se submettant de fait, » se submit et submet par son serment et ses hers et touz » ses biens meubles et heritages présens et avenirs, à la » jurisdicion, pouoir et desir de nosdictes courtz et de » chascune quant es chouses et chascune qui ensuivent,

(1) Dom Lobineau, *Preuves de l'histoire de Bretagne,* tome ii, col. 814, 913.

(2) Dom Morice, *Preuves,* tome ii, col. 742, 743.

(3) Dom Lobineau, *Preuves,* tome ii, col. 1635.

» faire, tenir et accomplir ; lequel Grantboays de son bon
» gré, pure, franche et liberalle voloncté cognutt, confessa
» et cognoit et confesse par davant nous que mon souve-
» rain seigneur le duc luy avoit baillé la *garde de son*
» *chastel et forteresse de Piremill* et en avoit fait *capi-*
» *taine et garde;* laquelle il avoit prense et acceptée aux
» gaiges et prouffiz accoustumés, et pour ce ledit Grant-
» boays cognut et confessa et uncore cognoit et confesse
» par davant nous avoir promis et estre tenu et obligé et
» de fait en nos dictes courtz et chacune promist et se
» obligea sur l'obligacion de touz sesdicts biens meubles
» et heritages garder et deffendre loyaument et deument
» de son lige pouoir sans fraude, fiction, ne mal engin
» lesd. chastel et forteresse de Piremill, pour et ou nom
» de mond. seigneur le duc, vers touz contre touz qui
» peuent vivre et mourir sans y lesser entrer auscuns
» ennemis ou malveillants de mond. seigneur le duc plus
» fort que ledit capitaine. Et aud. monseigneur le duc,
» madame la duchesse sa compeigne, noz seigneurs et
» dammes, leurs enffans, toutes les foiz qu'il leur plaira et
» à leurs gens et serviteurs à leur service, donner franche
» entrée et issue en iceux chastel et forteresse de Piremill
» et iceux et la garde d'eux bailler, rendre et délivrer à
» mond. seigneur le duc ou à son certain commandement
» toutes les foiz que requis en sera et non à d'autres
» quelxconques de quelque estat, seignorie, auctorité ou
» prééminance qu'ils soient ou puissent estre, fort à
» mond. seigneur le duc comme dit est, ou après son
» décès à madame la duchesse dessurdicte ou nom et
» comme garde de leur fils aisné ; laquelle garde, oudit
» cas, mond. seigneur a ordrennée à madicte damme la
» duchesse et li a establie des à present, et s'il avenoit que
» durant celle garde, madicte damme yroit de vie à tres-

» passement avant l'aage acompli de Monseigneur leurd.
» fils aisné, led. capitaine sera tenu et obligé garder lad.
» forteresse en sa main, aux despens de la revenue dud.
» lieu deuement si le cas le requiert, jusques à tant qu'il
» soit pourveu de garde, etc.... Ce fut fait le XXVIIe jour
» de l'an mil quatre cens vingt et troys. » (Ainsi signé :)
« Grantboays » et au-dessous « Auffroy Guinot. » (1).

Les habitants des faubourgs de Pirmil et de Vertais
étaient chargés de fournir tous les jours un certain nombre
d'hommes pour le service de la forteresse, et la ville sub-
venait à leur entretien en prélevant quelques droits à
l'entrée des ponts. Il y avait de plus une garde variable
selon les circonstances, qui était à la solde du duc et qui
se composait en 1430, de trois hommes d'armes et six
arbalétriers.

« Extrait du compte d'Aufroy Guynot, trésorier et rece-
» veur général. MCCCCXXX et environ.... Guillaume de
» Grantboais, escuyer et *capitaine de Piremil,* III hommes
» d'armes et VI arbalestriers audit lieu (2). »

Pendant la guerre qu'il soutint contre le duc d'Alençon
en 1431, Jean IV de Bretagne « establit d'abord pour son
» lieutenant général, le comte de Laval, son gendre....
» Guillaume de Grand-Bois se tint à *Pirmil* dont il estoit
» *capitaine* (3). »

En 1444 on répara les remparts de la ville, et « on fit
» dans ce temps une échelle de pierres à la *tour de*
» *Pirmil* » (4), ainsi que plusieurs travaux de peu d'im-

______

(1) *Archives de la Loire-Inférieure,* à la préfecture de Nantes.
Trésor des chartes de Bretagne, armoire N, cas. G, n° 19.

(2) Dom Lobineau, *Preuves,* tome II, col. 1019, et Dom Morice,
Preuves, tome II, col. 1234.

(3) Dom Lobineau, *Histoire,* p. 589.

(4) Meuret, tome I, p. 264.

portance dans l'intérieur du grand bâtiment. La dépense s'éleva à 200#.

Olivier le Roux fut nommé en 1457 capitaine de Pirmil à la place de Charles l'Enfant. Olivier le Roux possédait la confiance d'Arthur III ; il était membre de son conseil, trésorier receveur général de Bretagne, et zélé partisan de l'indépendance. Aussi le prince, qui « sur toutes choses aimoit gens vaillans et bien » renommés, » daigna-t-ill'investir en personne du commandement de la forteresse, voulant donner à ce serviteur dévoué une nouvelle preuve de l'estime qu'il avait pour lui.

Sous le règne d'Arthur III, on apporta de notables modifications dans les défenses de Pirmil, modifications rendues nécessaires par la récente découverte de la poudre, le plus terrible moyen de destruction que l'homme ait jamais inventé, et qui devint en quelque sorte le point de départ d'une révolution générale.

Amaury d'Acigné, qui avait succédé le 26 mars 1462 à Guillaume de Malestroit, s'était contenté à son avénement de présenter au clergé et au peuple la bulle du souverain Pontife, qui le nommait au siége épiscopal de Nantes. François II, à qui il avait refusé de faire l'hommage de son temporel, fit publier dans la ville et les faubourgs qu'il était défendu à l'évêque et aux ecclésiastiques de s'immiscer dans le gouvernement. Cet ordre fut transgressé et Amaury fut obligé de quitter le manoir de la Touche où il habitait. « Le secrétaire de l'évêque fut » arrêté et conduit dans les *prisons de la tour de* » *Pirmil* (1). » Ce fait se passait en 1462.

(1) Travers, *Histoire de Nantes*, tome I, p. 126.

« Extrait d'un registre de la chancellerie de Bretagne
» pour 1474, 1475.

» Commissions pour tenir les monstres.... dans le
» mesme evesché, de là la Loire, à *Piremil*, à Guillaume
» de Chevigné et Eon Sauvaige, seigneur du Plessis-
» Guerrif.

» .... Mandement du duc pour tenir et recevoir les
» monstres des gens d'armes et archiers d'ordonnance,
» pour savoir s'ils sont en estat et habillement qu'ils doi-
» vent estre et pour les faire poyer, lesquelles monstres
» doivent estre tenues, celles des gens d'armes qui sont
» soubz la conduite de notre cousin le bastard, à *Piremil*,
» le 8 décembre prochain (1). »

François Goheau commandait à Pirmil en 1476 (2). La
garnison se composait alors de 25 francs-archers et de 15
hommes de la milice bourgeoise; elle fut augmentée de
13 canonniers en 1487 (3).

Cette mesure était nécessitée par l'arrivée des troupes
françaises sous la conduite de Gilles de Bourbon, comte de
Montpensier, lieutenant du roi Charles VIII. Les Français
commencèrent par l'attaque de la forteresse de Pirmil,
espérant s'en rendre maîtres facilement et obtenir la reddi-
tion de la ville. Mais ils furent obligés de se retirer sous
le feu des couleuvrines de la place, dirigées avec habileté
par des canonniers que le duc avait fait venir de Hollande
et pris à son service. C'est Dom Morice qui nous apprend
cette retraite des assiégeants : « Avons receu les lettres du
» duc escrites de hier au soir de Nantes, par les quelles il

(1) Dom Morice, *Preuves*, tome iii, col. 282, 283.
(2) Dom Morice, *Preuves*, tome iii, col. 321.
(3) Dom Morice, *Preuves*, tome iii, col. 538, et Dom Lobineau,
Preuves, tome ii, col. 1472.

» nous fait scavoir que les Français ont désamparé *les*
» *faubourgs et tour de Pirmil* et *se sont retirés* avec les
» autres qui estoient aux faubourgs de Saint-Clément et
» de Richebourg (1). »

IV.

La garnison de la forteresse se composait, comme nous
l'avons déjà dit, de deux éléments bien distincts, de soldats
et d'un certain nombre d'hommes de la milice bourgeoise.
Nous n'allons pas, on le pense bien, disserter sur les
dangers qui résultent des garnisons mixtes ; nous laissons
aux hommes spéciaux le soin d'en parler, mais nous ne
pouvons nous empêcher de signaler ici en passant un
exemple de ces rivalités intestines, qui ont malheureusement désolé plus d'une fois nos places de guerre.

Dans les premières années du XVIe siècle, — c'était en
1516, — les arquebusiers de Pirmil s'était pris de que-
relle avec les bourgeois, et un de ces derniers, Guillaume
Girault, avait succombé dans la lutte. Le tort venait du
côté des arquebusiers. — L'officier de la garde bourgeoise
fit sortir ses hommes de la place et demanda réparation
au capitaine de la citadelle, qui se nommait Jean-Charles
Guesdon. Celui-ci joignit l'insulte au refus. Le capitaine de
la milice se plaignit au gouverneur de Nantes, qui appuya
sa demande auprès du roi. François Ier, par ses lettres du
27 mai 1516, donna l'ordre au gouverneur d'ôter le commandement du château de Pirmil à Jean Guesdon, et de
faire continuer les gardes comme précédemment. « Pour
» complaire à nostre bone ville et cité de Nantes, ajoutait-
» il en terminant, nous désirons que touz les soldats qui

(1) Dom Morice, *Preuves*, tome III, col. 550.

» estoient soubz les ordres dudit capitaine Jehan Guesdon
» soient changés et remplacés par XX harquebuziers de
» nostre chasteau dudit Nantes, avec X canonniers. »

La milice bourgeoise devait en outre fournir une garde
quotidienne de 10, 20 ou 30 hommes selon les circonstances.

Claude de Laval, seigneur de Bois-Dauphin et de Thé-
ligny, chevalier, gentilhomme ordinaire de la chambre du
roi, capitaine du château de Nantes, avait 120# comme
gouverneur de Pirmil.

Il donna le commandement de cette dernière forteresse
en 1552, à noble homme Jean de la Tour, écuyer. Celui-
ci fut chargé la même année de toucher les gages de
Claude de Laval. Cette procuration existe aux archives de
la mairie de Nantes. Cette pièce sur parchemin est écrite
en latin et datée de Londres, où était alors le sire de
Laval. On y trouve joint un reçu de 120# donné le 7
septembre 1552, par Jean de la Tour, mandataire de
Claude de Laval (1).

Nous trouvons dans les archives municipales, à la date
du 2 mai 1554, la commission donnée au capitaine de
Pirmil par le seigneur de Bois-Dauphin, pour le remplacer
pendant ses absences, en qualité de lieutenant du château
de Nantes.

Ce document est ainsi conçu : « Nous Claude de
» Laval, etc.... scavoir faisons à tous qu'il apartiendra,
» comme ainsi soit que pour ne pouvoir ordinairement
» présider es-dites ville et château et vacquer aux choses
» qui y sont occurantes concernantes le service du roy
» nostre souverain seigneur, il soit besoing de commettre

______

(1) *Archives de la ville de Nantes*. Série force publique, carton
gouvernement de Nantes, n° 18.

» ung bon et suffisant personnage qui puisse bien et fidel-
» lement s'en acquitter ; à ceste cause et autres nous
» movans, ayans aussi bone cognoissance de la preudho-
» mye, science, intégrité, expérience et fidélité de *noble*
» *homme Jehan de la Tour, cappitaine de Piremil,*
» l'avons nommé, commis, ordonné et députté, et par ces
» présentes le nommons, commettons et deputons pour
» commander esdites ville et château pour et en nostre
» lieu tout aussi que les autres précédans noz commis et
» lieutenants ont accoustumé, deschargeans et destituans
» René Haussart, sr de Boucillon, etc.... donné à l'Isle
» Adam soubz notre sing et le scel de noz armes, le 2e
» jour de mai 1554 (1). »

Au XVIe siècle, la citadelle de Pirmil contribua puis-
samment à la défense de Nantes, et rendit de véritables
services dans ce temps de nos luttes religieuses.

Sentinelle avancée du côté des ponts, elle sut maintenir
par l'attitude énergique de son capitaine et des hommes
auxquels sa garde était confiée, la fougue du parti hugue-
not, et faire échouer ses tentatives multiples de s'emparer
de la ville.

Le 18 février 1556, des calvinistes s'étaient réunis secrè-
tement à Saint-Sébastien, et le comte de Sançay, capitaine
du château de Nantes, les avait fait arrêter et enfermer
dans les cachots de la tour de Pirmil. A cette nouvelle,
quatre-vingt-dix de leurs frères d'armes se dirigent vers la
forteresse et demandent la liberté des prisonniers. Sur le
refus du capitaine, ils se préparent à escalader les murailles ; mais l'artillerie de la citadelle est dirigée contre
eux, et ils sont bientôt mis en déroute.

(1) *Archives de la ville de Nantes.* Série force publique, carton gouvernement de Nantes, no 20.

François de Daillon, seigneur de la Chartebouchère, connétable de Nantes, chevalier de l'ordre du roi, succéda vers 1560 à Jean de la Tour, dans la capitainerie de Pirmil.

Le 30 mai 1568, le roi Charles IX ordonna à la communauté de ville de loger et entretenir les hommes de garde à Pirmil et sur les ponts.

« A nos chers et bien amés les bourgeois, manans et
» habitans de nostre ville de Nantes.

» Chers et bien amez, pour la sureté de vos personnes,
» femmes, familles et biens et pour la conservation de
» nostre ville de Nantes, nous avons advisé de faire
» soigneusement garder le pont et passaige de lad. ville, et
» pour ce faire, avons commis et donné la charge au s^r
» de la Chartebouchère avec 20 hommes qui demeureront
» continuellement à la garde d'icellui, et d'aultant qu'il
» est besoing que lesdits 20 hommes soient logés et
» accomodés près led. pont, vous ne fauldrez leur faire
» bastir une loge où ils se puissent retirer à couvert et en
» seureté de leurs personnes, si tant est que la *tour de*
» *Pillemy* ne leur puisse servir pour cet effect, et où il
» seroit besoing faire des ponts levis daventage que ce qui
» y est, vous ne fauldrez aussi de les faire construire et
» bastir, etc..... Donné à Paris le XXXe jour de may
» 1568. (Scellé et ainsi signé :) Charles et au dessoubs :
» Fises (1). »

Dans une requête adressée au roi en 1568 par les habitants de Nantes, il est dit que : « de tout temps il y a eu
» à la *tour de Piremy* un *capitaine à gages;* à présent
» c'est un s^r de la Chartebouchère. Les paroisses de Piremy,
» de Rezai et de Vretais, doivent fournir chacune à leur

______
(1) Travers, *Histoire de Nantes,* tome II, ch. CIV, p. 404.

» tour des hommes nécessaires à cette garde ; en consé-
» quence ils supplient sa Majesté d'exempter les habitants
» de Nantes de ce service, etc.... (1). •

« On gardera la coustume ancienne. » Telle fut la réponse du roi, en date à Bologne, du 6 août 1568.

Dans d'autres lettres envoyées au roi en 1574, les habitants, pour réfuter les inculpations formulées contre eux par le gouverneur, s'exprimaient ainsi : « Il (le connétable) » est en outre *capitaine* d'une *tour appelée Pirmil,* où il » lève gros guet sur le pauvre peuple, sans nécessité » depuis la réunion ; car cette tour, en partie ruinée, ne » rendrait aucun service en cas de guerre et les 1,000# » destinées à la rétablir seraient mal employées (2). »

Au calvinisme succéda en 1577 la guerre de la Ligue.

La Ligue trouva de nombreux et zélés défenseurs dans la ville de Nantes, qui avait eu tant à souffrir de la part des huguenots et apparut à quelques-uns comme un moyen de reconquérir l'indépendance. Aussi le duc de Mercœur sut-il encourager le peuple dans sa vengeance et mettre à profit les prétentions de son épouse au duché de Bretagne, en cachant ses ambitieux projets sous le prétexte du triomphe de la religion catholique.

La neutralité n'était pas possible ; tout habitant devint soldat, et la milice fut soumise à un service pénible. Trente bourgeois étaient alors de garde à Pirmil, dont le capitaine, Louis Thorres de Gastines, avait été nommé à cette fonction en 1580, en remplacement de M. de la Chartebouchère.

Le 15 avril de la même année, la communauté de ville décida de visiter la citadelle de Pirmil, afin de la mettre

(1) *Archives de la ville de Nantes.* Registres des délibérations.
(2) *Archives de la ville de Nantes.* Registres des délibérations.

sur un pied redoutable de défense ; elle s'y rendit le lendemain et ordonna divers travaux, qui furent de suite exécutés.

Après la prise d'armes de Montaigu en 1580, trois colonnes ennemies s'étant dirigées sur Nantes avec des prisonniers, s'escarmouchèrent sous les murs de Pirmil. Voici comment ce fait est raconté dans les histoires de messire d'Aubigné : « Ils rompent 3 ou 4 églises, arborent 2 ban-
» nières en cornettes et vont mettre dans la prairie à main
» droite de Pillemil leurs prisonniers en bataille, gardez
» par lesd. harquebusiers à cheval et un des deux trom-
» pettes qu'ils avoient : les 20 salades qui venoient de
» prendre la lanière et un procureur du roi, aïans appris
» par eux, que quelques gentils-hommes de la compagnie
» de Vandré se sauvoient dans le fauxbourg, l'enfillèrent
» tout du long ; quelques-uns passant la *tour de Pillemil,*
» jusques au commencement du pont et furent longtemps
» là avant que ceux de la tour leur envoiassent quelque
» mauvaise harquebusade (1). »

En 1589, les bâtiments ne pouvant plus contenir les soldats et les prisonniers, on fut obligé de construire des baraques dans l'intérieur de la cour pour loger les hommes de la garde bourgeoise, qui étaient à cette époque au nombre de trente-cinq. La même année on nettoya les fossés et on répara les contrescarpes.

La garnison de Pirmil se composait, en 1491, de trente habitants et de vingt arquebusiers.

» Estat abregé de la despance nécessaire pour la solde
» et payement des gens de guerre qu'il convient entretenir

____

(1) *Les histoires du sieur d'Aubigné,* tome II, liv. IV, ch. VI, p. 348.

» en garnison aux places cy après pour la conservation
» d'icelles et maintenir le pays.

» Piremil.

» à vingt harquebuziers à pied comprins les chefs, neuf
» vingtz sept escuz tiers qui est :

» Un capitaine, XXXV escuz tiers; un lieutenant, XVIII
» escuz II tiers; à ung sergent VIII escuz tiers; et à XVII
» soldatz dudict numbre; à chacun V escuz, IIII^{xx}V escuz;
» montant ensemble à IX^{xx}VII escuz tiers (1). »

Les états de la Ligue, qui se tinrent à Vannes en 1592, après avoir assigné 6,000^{tt} par mois au duc de Mercœur, firent « un fond de 1,175,436^{tt} pour le payement des gar-
» nisons de Nantes, de *Pirmil*, de Guerrande et des autres
» villes de la province possédées par la Ligue (2). »

En 1598, Hercules de Rohan, duc de Montbazon, comte de Rochefort, lieutenant général, grand veneur et pair de France, chevalier des ordres du roi, fut institué capitaine de Pirmil.

V.

Au XVIIe siècle, la municipalité regardant comme une charge onéreuse la citadelle de Pirmil, où la milice bourgeoise fournissait une garde quotidienne, profita de l'arrivée du souverain pour en demander la démolition.

Les Etats de Bretagne se tinrent à Nantes pendant le séjour de Louis XIII et de Marie de Médicis. Ils exprimèrent le vœu « qu'il plust à sa Majesté régente de faire *démolir*
» *la tour de Pirmil*, » mais n'obtinrent que la démolition

(1) *Archives d'Ille-et-Vilaine*, états de la Ligue.
(2) Taillandier, *Histoire de Bret.*, p. 418.

des châteaux de Saint-Mars-la-Jaille, de Touffou et de Guérande. La ville fut obligée de payer 2,000# pour ces travaux, et d'envoyer à ses frais des soldats dans ces localités.

La communauté nantaise ne perdit pas courage, et, quand le roi revint en 1626, elle sollicita encore et à plusieurs reprises la démolition de la citadelle de Pirmil, se bornant pour la défense de la ligne des ponts à la porte fortifiée de Saint-Louis (1). Louis XIII accéda en partie à la demande de la ville, et permit le démantèlement de la forteresse, qui continua d'avoir des capitaines.

Travers nous en fournit la preuve : le comte Henry de Rochefort de Montbazon, qui avait succédé à son père en 1616, se dessaisit « de la *capitainerie de la tour de* » *Piremil* pour et en faveur de Mgneur le cardinal de Riche- » lieu, consent et accorde que toutes lettres et expéditions » nécessaires lui en soient délivrées (2). » Cette démission est du lundi 1er mars 1632.

Par lettres patentes, en date à Saint-Germain-en-Laye du 2 mars même mois, le roi confirma la nomination du cardinal, qui prêta serment le lendemain : « Aujourd'hui » 3e de mars 1632, Mgneur le cardinal de Richelieu a fait et » presté ès-mains de Mgneur le marquis de Châteauneuf, » chevalier et chancellier des ordres du roy et garde des » sceaux de France, le serment qu'il devoit à cause de » l'estat et charge de capitaine et gouverneur des ville et » château de Nantes et *capitainerie de la tour de* » *Piremil*, dont il a esté pourvu par sa Majesté, moy son » conseiller et secrétaire présent à Saint-Germain-en- » Laye (3). »

(1) Cette porte fut démolie en 1737.
(2) Travers, *Preuves inédites*, p. 49.
(3) Travers, *Preuves inédites*, p. 53.

Le cardinal de Richelieu se démit aussitôt de son commandement en faveur de Charles de la Porte, duc de la Meilleraye, lieutenant général, grand maître de l'artillerie, maréchal et pair de France. Ces lettres portent la date des 7 et 8 mars 1632 (1).

Charles de la Porte prêta serment le 19 du même mois entre les mains du marquis de Châteauneuf.

Le 10 juillet 1643 il céda ses fonctions à Armand-Charles de la Porte-Mazarini, duc de Rethelois-Mazarin, de la Meilleraye et de Mayenne.

Depuis cette époque jusqu'à la Révolution, la tour de Pirmil, bien que démantelée, demeura au pouvoir des gouverneurs de Nantes. Mais alors cette capitainerie ne constituait plus un commandement ; c'était un titre purement honorifique.

Les derniers capitaines de cette forteresse, dont nous achevons d'esquisser l'histoire, sont : M. Sébastien de Rosmadec, marquis de Molac, en 1665 ; — le comte Sébastien de Rosmadec fils, en 1700 ; — le comte Jean d'Estrées, en 1702 ; — le duc Victor-Marie d'Estrées, en 1707 ; — le duc Pierre de Montesquiou d'Artagnan, en 1716 ; — M. de la Ferronays, en 1718 ; — M. le lieutenant-colonel Danuaux, en 1721 ; — le marquis Louis de Brancas, en 1738, et le duc Louis-Paul de Céreste-Brancas, en 1789.

Jacques Guérin, écuyer, seigneur de la Roche-Pallière, était lieutenant du roi à Pirmil, en 1696.

Depuis le démantèlement, en 1626, le prieur de Saint-Jacques levait certains droits à la tour de Pirmil. Il céda tous ses « devoirs et coutumes » à la ville, qui, par traité

_____

(1) Travers, *Preuves inédites,* p. 53.

du 11 février 1644, afferma moyennant 40# les droits exercés avant par le prieur.

Dans l'état de la ville de Nantes, dressé en 1745, il est dit en parlant de la tour de Pirmil, qu'il « y avait autrefois » une très-belle tour dont on voit encore les débris et un » petit fort pour sa défense. M. de Brancas en est le gou- » verneur ; elle a deux compagnies de milice bour- » geoise (1). »

Ces compagnies étaient celles de Vertais et de Pirmil. Leur uniforme était différent de celui des autres compagnies : l'habit, la veste et le pantalon étaient rouges, les boutons en cuivre, l'habit doublé de bleu et le chapeau bordé d'or (2).

VI.

Couverte de mousse et de lierre, la tour de Pirmil dressait encore au commencement du XIXe siècle ses noires et épaisses murailles. Bâtie sur le rocher, elle avait pendant plus de quatre cents ans résisté aux ravages du temps et des hommes. Elle semblait devoir rester debout pendant de longues années, bien que sous la couronne de verdure qui ceignait sa tête majestueuse se montrassent les rides du vieillard et les glorieuses cicatrices du soldat. Mais la vaillante sentinelle avait compté sur le respect de ceux dont elle avait protégé les ancêtres ?

Telle était la tour de Pirmil, quand en 1839 le Gouvernement donna l'ordre de l'abattre pour l'élargissement de la place et l'établissement d'une cale descendant à la Loire.

(1) *Archives de la ville de Nantes,* registres de la Mairie.

(2) *Archives de la ville de Nantes,* série force publique, carton garde nationale.

La presse locale lutta avec énergie, mais elle fut impuissante, et MM. les ingénieurs purent tranquillement entreprendre leur œuvre de destruction.

Il n'existe qu'un seul plan en relief de la tour de Pirmil. Ce plan n'est malheureusement pas dû à l'autorité municipale, mais à M. Guilbaud (1), capitaine au bataillon des sapeurs-pompiers. Acheté à la mort de M. Guilbaud par M. Pilon, horloger à Nantes, le plan de la forteresse de Pirmil, telle qu'elle existait avant 1626, a été offert par ce dernier au Musée archéologique de la Loire-Inférieure.

. . . .

Ainsi disparaissent tous les jours nos vieux monuments; et bientôt notre cité, partageant en cela le sort de bien des villes, n'aura plus rien qui lui rappelle son passé. Partout les démolisseurs sont à l'œuvre ; partout ce que le temps et les révolutions ont épargné semble irrévocablement destiné à tomber sous le marteau impitoyable !

> « Quel est ce conquérant, indomptable, superbe,
> » Qui renverse nos murs, les fauche comme l'herbe?
> » Ce vainqueur, ce César, cet Attila nouveau,
> » C'est le maçon ! Il monte à l'assaut et tout penche,
> » Croule.... Il a pour armure une tunique blanche,
> » Il a pour glaive un lourd marteau ! »

(Mme Anaïs Ségalas, les Démolitions.)

Le poète l'a dit ; cependant personne ne semble avoir entendu le cri de détresse, et nous assistons, les bras croisés, à cette œuvre de destruction que chaque jour propage et précipite.

(1) M. Guilbaud est également l'auteur des plans en relief de la ville de Nantes au XVe siècle, de la tour de Commequiers et de la porte Saint-Nicolas de Guérande.

Nous voudrions essayer d'élever ici notre voix, trop faible, hélas! en faveur de ce culte respectueux des monuments du passé, culte qui pourrait inspirer encore tant de grandes idées et de grandes choses et qui tend de plus en plus à disparaître, non devant les besoins légitimes, mais sous le dédain railleur de l'industrialisme moderne.

Breton et venant de retracer l'historique d'une forteresse bretonne, nous devons, à ce double titre, parler pour la Bretagne, terre illustre, s'il en fût, et à jamais digne qu'on lui laisse sa noble couronne, ses blessures plus nobles encore. Mais nous ne saurions demeurer exclusif, et si nos aspirations comme nos regrets semblent légitimes, si notre amour de l'honneur trouve un écho dans des cœurs ardents, qu'on n'hésite pas à étendre cet amour, ces regrets, ces aspirations, à toutes les provinces de notre France qui comptent de beaux jours dans leur passé!

« Une ruine! ce mot exerce une sorte de magie sur
» l'âme, qui, de puissance raisonnante qu'elle était, se fait
» puissance musicale toute chantante. Il transforme en
» lyre le compas et le scalpel : toutefois, je ne parle ici
» que des âmes qui sont transformables; car il est dès
» hommes qui sont tellement devenus calcul et raisonne-
» ment, que rien de ce qui n'est pas chiffre et utilité
» industrielle ne peut se réfléter sur la surface terne de
» leur âme. La poésie de la nature aurait des talons de fer
» qu'elle ne pourrait briser cette écorce de glace, sur
» laquelle rien n'a de prise, hormis ce qui peut émouvoir
» leur égoïsme dans ses intérêts matériels.

» .... Ils réduiront tout arbres en planches, tout rocher,
» tout vieil édifice en toises de pierre. Oh! les malheureux,
» qui ont des yeux et des oreilles! »

C'est ainsi qu'un Breton, Breton par le cœur plus encore que par la naissance, M. H. de la Morvonnais, a dépeint cette situation des esprits, qui nous attriste en même temps qu'elle nous indigne.

Ces hommes qu'il flétrit ne semblent pas se douter qu'il y ait là quelque chose qui mérite leur respect ! Ils oublient jusqu'aux noms des héros de la patrie ! Ils renversent dans la poussière la dernière assise des monuments témoins de leurs hauts faits !

N'avons-nous pas vu, dans notre ville même, des voix autorisées demander la démolition de notre château ducal sous le prétexte de je ne sais quelle percée, de je ne sais quelle place inutile !

> « Mais cloîtres et donjons, autels, sont des carrières
> » Pour ces froids constructeurs qui n'ont que leur compas !
> . . . .
> » De la tombe d'Arthur ils feraient une borne ! »
>
> (BRIZEUX.)

Détournons nos regards et demandons à « ces froids » constructeurs » s'ils ont au moins quelque raison sérieuse de s'acharner sur les débris du passé ? A une semblable question ils s'étonnent : « Nous voulons, répon- » dent-ils, assainir nos villes, les embellir. Ces ruines, ces » monuments, à quoi tout cela sert-il aujourd'hui ? Nous » voulons le progrès. » Voilà leur dernier mot. Nous l'avouons, la plupart de ces débris ne sont plus d'aucune utilité pratique. Mais, s'ils sont inutiles, sont-ils importuns ? En quoi vous gênent-ils ? Est-ce votre progrès qu'ils en- travent ?

Alors, Dieu nous garde d'un progrès qui, ignorant nos intérêts moraux et intellectuels, ne songe qu'à ceux de la matière.

Hommes froids et positifs, qui vous enorgueillissez du titre de fils du XIXe siècle, percez des rues immenses à travers les habitations infectes de vos pères, élevez des maisons saines et aérées, embellissez nos promenades, répandez partout l'air et le soleil dont l'oiseau dans les champs a plus de part que le pauvre dans les villes, multipliez les ressources et les débouchés de l'industrie, prolongez les lignes de fer, et nous applaudirons de grand cœur à vos efforts! Mais songez que tout n'est pas là; respectez les débris des âges passés! Que le marteau n'abatte pas ces portes, ces tours, tant de fois teintes du sang de nos pères et du sang de leurs ennemis! Que tout ce que nos ancêtres nous ont légué de beau et de grand reste debout au milieu de nos cités, pour nous instruire, nous et nos fils, pour nous apprendre à ne pas dégénérer, si l'occasion se présente, de ceux qui nous ont fait ce que nous sommes.

Et si, ce qu'un hasard malheureux pourrait vouloir, si une cause sérieuse de nécessité publique amenait la démolition de quelque monument historique, que les souvenirs qu'il rappelait ne périssent pas avec lui. L'histoire s'apprend aussi bien sur les monuments que dans les livres; pour les masses surtout, c'est à peu près le seul enseignement qui soit possible et profitable. Nous voudrions donc que des inscriptions mentionnassent les monuments disparus, les victoires et les défaites de nos ancêtres, les événements dignes de mémoire dont nos villes furent le théâtre, legs indélébile du passé à l'avenir. Ce serait une histoire nationale, un livre ouvert aux générations, qui viendraient y puiser de nobles exemples, la passion du bien et du beau, le culte du souvenir, la prudence dans la vie politique et l'amour du sol natal.

Rome l'avait compris. Elle avait voulu, cette reine du monde, que l'étranger ne pût franchir ses portes sans avoir compté ses trophées, sans avoir subi la fascination de sa gloire; elle avait voulu que ses fils, ayant toujours sous les yeux les exemples de leurs pères, eussent rougi de ne

pas rester les fils des géants, et elle avait créé cette voie
gigantesque, où la pierre et le bronze murmuraient sans
cesse les hauts faits de la patrie, cette voie qui s'appelait la
voie sacrée.

« Les monuments historiques, disait M. le baron Péri-
» gnon en 1841, sont de précieux témoins à interroger ;
» la mémoire ne leur manque jamais ; ils n'ont pas d'intérêt
» à mentir. Peut-être doit-on accorder plus de foi à l'his-
» toire écrite en architecture qu'à toute autre ; elle est la
» plus impartiale. »

Que dirions-nous de plus ? Nous ont-ils compris, ceux
dont l'âme ne sent pas ? Ferons-nous appel au sentiment
de leur dignité nationale ? Ce serait encore notre devoir ;
car il ne faut pas que l'étranger, cherchant dans nos cités
et dans nos campagnes les restes de nos vieux édifices, ne
trouve plus qu'une terre nue et sans honneur ; il ne faut
pas lui donner à croire que la France a oublié son
passé !

Et si, malgré nos efforts, nous ne sommes pas écouté,
nous nous consolerons en bon fils de la trahison de
nos frères ; nous ne ferons pas mentir ces belles paroles du
charmant esprit, du véritable Breton que nous avons déjà
nommé :

« Tandis que quelques tristes fils de la Bretagne, dit-il,
» s'applaudissent, barbares de leurs travaux profanateurs,
» d'autres fils de la même contrée, posant le front sur les
» genoux de leur mère, pleurent avec elle les diamants
» brisés de son casque.....

» Il serait vraiment beau de voir notre vieille Bretagne
» se faire jeune fille ! Garde, garde, ô notre mère, tes rides
» caverneuses et les pièces rouillées de ta forte armure ;
» tu nous plais ainsi, mère : ne change rien à ta parure
» gothique et sauvage ; il est beau, il est souverainement

» délicieux pour tes fils de te voir appuyée sur le tronçon
» de lance de ton Bertrand le Batailleur, venir, au soir,
» laver tes pieds dans ton Océan, écouter dans la lande nue
» la cloche d'une église lointaine mêlant sa voie aux cris
» des grillons. Oui, reste, reste ainsi, mère, avec ton
» panache de chêne rabougri et ton casque de pierre. »

Nantes, 15 décembre 1864.

Nantes, Mme v^e Mellinet, Imprimeur, place du Pilori, 5.

www.ingramcontent.com/pod-product-compliance
Lightning Source LLC
Chambersburg PA
CBHW071429030726
47594CB00006B/2647